Backen
mit dem
Brotbackautomaten

W0314849

Margret Blum

Backen mit dem Brotbackautomaten

FALKEN

Im FALKEN Verlag sind viele attraktive Titel rund um das Thema «Essen und Trinken» erschienen. Bitte fragen Sie Ihren Buchhändler.

Wir danken der Firma Unold GmbH, Hockenheim, für die freundliche Unterstützung.

Die Deutsche Bibliothek–Einheitsaufnahme

Blum, Margret:
Backen mit dem Brotbackautomaten / Margret Blum. -
Niedernhausen/Ts. : FALKEN, 1997
ISBN 3-8068-1838-X

ISBN 3 8068 1838 X

© 1997 by FALKEN Verlag,
65527 Niedernhausen/Ts.
Die Verwertung der Texte und Bilder, auch auszugsweise, ist ohne Zustimmung des Verlags urheberrechtswidrig und strafbar. Dies gilt auch für Vervielfältigungen, Übersetzungen, Mikroverfilmungen und für die Verarbeitung mit elektronischen Systemen.

Umschlaggestaltung: Peter Udo Pinzer
Gestaltung: Horst Bachmann
Redaktion: Birgit Wenderoth
Umschlagfotos: TLC-Foto-Studio, Velen-Ramsdorf
Fotos: TLC-Foto-Studio GmbH, Velen-Ramsdorf; außer: Seite 6, 7, 8: Agentur Hamann & Compagnon GmbH, Stuttgart, FALKEN Archiv: Seite 75, 77, 79: Grauel & Uphoff/Seite 2, 9 u., 10, 11, 12 : Ulrich Kopp/Seite 9 o.: TLC-Foto-Studio

Die Ratschläge in diesem Buch sind von der Autorin und vom Verlag sorgfältig erwogen und geprüft, dennoch kann eine Garantie nicht übernommen werden. Eine Haftung der Autorin bzw. des Verlags und seiner Beauftragten für Personen-, Sach- und Vermögensschäden ist ausgeschlossen.
Bitte beachten Sie stets die Sicherheitsvorschriften in der Bedienungsanleitung des jeweiligen Gerätes.

Produktion: Dr. Reitter & Partner GmbH, Vaterstetten
Satz: Dr. Reitter & Partner GmbH, Vaterstetten
Druck: Druckhaus Cramer, Greven

817 2635 4453 62

Inhaltsverzeichnis

Vorwort

Brot ist und war in der Vergangenheit eines der wichtigsten und unverzichtbaren Nahrungsmittel, das man schon seit Tausenden von Jahren kennt. Früher hat man Brot selbst, beziehungsweise in eigens dafür vorgesehenen Backhäusern gebacken, und zwar auf Vorrat, denn das Brotbacken von Hand war eine zeitaufwendige und mühsame Angelegenheit. Die Eigenherstellung hatte allerdings den Vorteil, daß man wußte, welche Zutaten das selbstgebackene Brot enthielt. Diesen Vorteil bietet auch der Backmeister. Mit diesem können Sie vollautomatisch „Hausmacherbrot“ backen, und zwar ganz ohne Backverstärker oder andere Zusätze. Der Brotbackautomat nimmt Ihnen dabei nahezu die gesamte Arbeit ab, Sie müssen lediglich die Zutaten hineingeben.

Der Brotbackautomat hat eine rechteckige Backform, das heißt das Brot entspricht in der Form dem handelsüblichen Kastenbrot. Er knetet den Teig in zwei verschiedenen Richtungen, wodurch ein besonders gutes Mischergebnis erzielt wird. Zudem verfügt der Brotbackautomat über verschiedene Programme, die in der Betriebsanleitung ausführlich beschrieben sind.

Mit diesen Programmen können Sie:

- verschiedene Brotsorten vollautomatisch kneten und backen
- nur Teig zubereiten und gehen lassen, um ihn im Backofen auszubacken
- Gebäck mit Backpulver kneten und backen
- nur backen oder auch Fleisch braten und Marmelade kochen

Außerdem bietet der Brotbackautomat verschiedene Bräunungsgrade an. Er kann vorprogrammiert werden, somit können Sie zum Beispiel zum Frühstück frisches Brot servieren. Der Brotbackautomat wird in verschiedenen Modellen angeboten. Unsere Rezepte haben wir entsprechend abgefaßt. Die Mengenangaben in den Rezepten mit der Überschrift **Gerätetyp 1** sind für ein Modell für ein Brotgewicht von 750 g – 1000 g vorgesehen; **Gerätetyp 2** entspricht einem Modell für ein Brotgewicht von ca. 1500 g.

Bitte lesen Sie die Einleitung des vorliegenden Buches sorgfältig durch, bevor Sie unsere Rezepte ausprobieren.

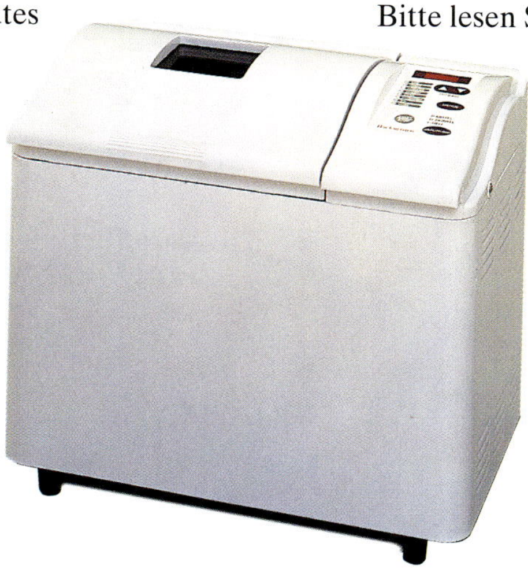

Der Programm-ablauf des Gerätes

Einsetzen der Backform

Die antihaftbeschichtete Backform mit dem Kneter muß so in den Backbehälter eingesetzt werden, daß die beiden seitlichen Federn die Backform arretieren und diese fest sitzt.

Zutaten einfüllen

Die Zutaten müssen in der angegebenen Reihenfolge des Rezeptes in die Backform eingefüllt werden.

Programmablauf wählen

Wählen Sie den gewünschten Programmablauf mittels der Menütaste, und stellen Sie die Bräunung ein. Mit der Zeitwahltaste können Sie den Ablauf verzögern. Drücken Sie die Start-Taste.

Teig mischen und kneten

Der Brotbackautomat mischt und knetet den Teig automatisch so lange, bis er die richtige Konsistenz hat.

Ruhezeit

Nach dem ersten Knetvorgang ist eine Ruhezeit vorgesehen, in der die Flüssigkeit die Hefe und das Mehl langsam durchdringen kann.

Teig gehen lassen

Nach dem zweiten bzw. dritten Knetvorgang erzeugt der Brotbackautomat die optimale Temperatur zum Gehen des Teiges. Nach dem Aufgehen ist der Teig zu einer glatten, runden Kugel geformt.

Backen

Der Brotbacklautomat reguliert die Backtemperatur und -zeit automatisch.

Ende/Warmhalten

Wenn das Brot fertig ist, ertönen Pieps - töne, um Ihnen anzuzeigen, daß das Gebäck oder die Speisen entnommen werden können. Gleichzeitig beginnt damit die Warmhaltezeit von 1 Stunde, d. h. das Backgut wird 10 Minuten lang mit einer Temperatur von 100 °C bis 110 °C und 50 Minuten lang mit einer Temperatur von 75 °C bis 85 °C warmgehalten.

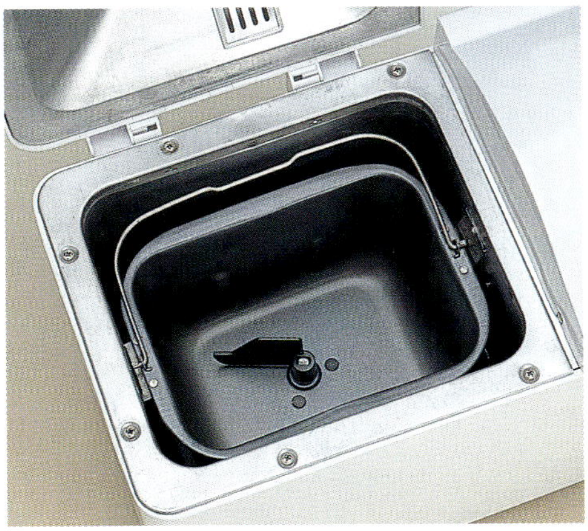

Form und Kneter

Zutaten einfüllen

Teig mischen und kneten

Teig gehen lassen

Die Funktionen des Gerätes

Die Rezepte dieses Buches wurden mit dem „Backmeister" der Firma Unold GmbH gebacken und ausprobiert. Dieses Gerät verfügt über folgende Funktionen:

Summer-Funktion

Der Summer ertönt bei dem Gerät in der Regel, wenn die Menü- oder Zeitwahltaste gedrückt wird, beim Drücken aller Programmtasten. Bei den Programmen „Basis", „Schnell" und „Vollkorn" piepst das Gerät nach bzw. während des zweiten Knetvorgang und nach Ende des Backvorgangs.

Zeitwahlfunktion

Alle Programme können zeitverzögert gestartet werden. Angenommen, es ist abends 20.00 Uhr, und Sie wollen morgens um 7.00 Uhr frisch gebackenes Weißbrot haben: Die Zutaten in der vorgegebenen Reihenfolge in den Behälter geben und diesen ins Gerät einsetzen. Darauf achten, daß die Hefe nicht mit der Flüssigkeit in Berührung kommt. Mit der Taste „Menü" das gewünschte Programm auswählen und mit der Taste „Bräunung" die gewünschte Bräunung eingeben. Im Beispiel nehmen wir Programm 1 = „Basis", welches 3 Stunden benötigt und eine Warmhaltezeit von 1 Stunde hat (Gesamtzeit 4 Stunden), das heißt, der Programmablauf muß um 3.00 Uhr nachts beginnen. Die Zeit (im Beispiel ist es 20.00 Uhr), die zwischen der Programmierung und der Startzeit 3.00 Uhr liegt, beträgt 7 Stunden und muß dem Programmablauf hinzugerechnet werden. Sie müssen deshalb, um morgens um 7.00 Uhr frisches Brot haben zu können, abends um 20.00 Uhr mit der Taste „Zeitwahl" 10 Stunden einprogrammieren.
Die Zeitwahlfunktion sollte nicht angewendet werden, wenn der Teig Früchte oder verderbliche Zutaten enthält.

Wiederholungsfunktion

Falls während des Betriebs des Brotbäckers der Strom ausfällt, startet das Gerät nach Wiedereinsetzen des Stroms automatisch und setzt den Ablauf dort fort, wo es unterbrochen wurde, sofern der Ausfall nicht länger als 30 Minuten gedauert hat. Falls der Stromausfall über 30 Minuten dauert, kehrt das Gerät in die Grundeinstellung zurück. In diesem Fall muß, je nach Stand des Programmes, neu begonnen werden.

Sicherheitsfunktion

Wenn die Temperatur im Gerät für ein neu gewähltes Programm vom vorherigen Gebrauch her noch zu hoch (mehr als 80 °C) ist, zeigt das Display nach dem Start des Programmes die Zeichen „H.HH" und es ertönt ein Dauerpiepston. Drücken Sie dieStop-Taste, entnehmen Sie den Behälter und warten Sie, bis das Gerät auf 40 °C abgekühlt ist. Dann setzen Sie den Behälter wieder ein und starten erneut. Diese Funktion entfällt im Programm „Teig", das sich beliebig oft nacheinander starten läßt

Die wichtigsten Zutaten

Hefe

Hefe ist die wichtigste Zutat für alle Brote, die im Brotbackautomat gebacken werden, denn Sie läßt den Teig aufgehen. Sie können entweder Trocken- oder Frischhefe verwenden. Achten Sie bei Hefe auf das Verfallsdatum!

Trocken- oder Frischhefe wird immer als letzte Zutat in eine kleine Mulde in der Mitte der Backform plaziert. Sie sollte nicht mit Salz oder Fett in Berührung kommen.

Mehl

Zum Brotbacken werden Weizen- und Roggenmehle mit unterschiedlicher Typenbezeichung verwendet. Die Typenangaben kennzeichnen den Gehalt des Mehles an Mineralstoffen und zudem die Farbe des Mehls (je höher die Typenzahl, um so dunkler das Mehl). Das haushaltsübliche Weizenmehl Type 405 ist das hellste Mehl. Eine hohe Typenzahl besagt zudem, daß die Mehlsorte viel an Ballaststoffen, Vitaminen und Mineralien enthält, weil die jeweilige Getreidesorte so ausgemahlen wurde, daß sie noch viel von den äußeren Randschichten und dem Keimling des Korns enthält.

Mehl setzt sich aus Eiweiß und Stärke zusammen. Der Eiweißgehalt eines Mehls entspricht dem Klebereiweiß. Je mehr Klebereiweiß das Mehl enthält, um so besser verbindet es sich beim Kneten mit den flüssigen Zutaten. Außerdem besitzt Klebereiweiß eine starke Quellfähigkeit und bringt somit den Teig zum Aufgehen. Roggenmehle enthalten sehr wenig Klebereiweiß, deshalb müssen Sie zum Brotbacken stets mit Weizenmehlen gemischt werden. Damit Teige mit Roggenmehl richtig aufgehen, müssen starke Triebmittel zugesetzt werden. In der Regel nimmt man Sauerteig oder Hefe. Für den Brotbackautomaten können Sie alle im Handel erhältlichen Mehlsorten verwenden. Wird in den Rezepten Mehl genannt, handelt es sich um Weizenmehl.

Weizenkleie

Kleie wird aus den Randschichten des Korns gewonnen und hat besonders viel Ballaststoffe. Wenn Sie ein besonders lockeres Brot wünschen, können Sie dem Teig 1 Eßlöffel Weizenkleie zufügen und die Flüssigkeitsmenge um ½ Eßlöffel erhöhen.

Brotbackmischungen

Diese können Sie im Brotbackautomaten ebenfalls verwenden. Die auf den Packungen angegebenen Flüssigkeitsmengen sollten Sie dann um 1 bis 2 Eßlöffel reduzieren. Brot aus Backmischungen sollte möglichst gleich gebacken werden.

Sauerteigansatz

Sauerteigansatz ist bei Verwendung von Roggenmehl unentbehrlich. Er enthält Milch- und Essigsäurebakterien, die bewirken, daß das Brot locker wird und fein gesäuert ist. Sauerteigansatz können Sie selbst herstellen: Verrühren Sie 300 ml Wasser mit 300 g Mehl, 1 Eßlöffel Zucker, 2½ Teelöffeln frischer Hefe, und füllen Sie die Mischung in eine Schüssel (kein Metall), die Sie mit einem Geschirrtuch abdecken und 4 bis 5 Tage an einem warmen Ort stehen lassen. Rühren Sie den Sauerteig 1 bis 2 mal täglich um. Nicht verwendeter Sauerteig kann im Kühlschrank aufbewahrt werden. Er kann immer wieder neu zum Gehen gebracht werden, indem man die genannten Zutaten (ausgenommen die Hefe) darunterrührt und den Ansatz bis zur Verwendung mindestens 1 Tag bei Zimmertemperatur gehen läßt. Falls sich der Sauerteig orange oder rot verfärbt und nach Essig riecht, ist er verdorben und muß weggeworfen werden. Vorgefertigter, flüssiger Sauerteigansatz, den es abgepackt in Beuteln zu kaufen gibt, läßt sich ebenfalls gut verwenden. Backen Sie Sauerteigbrot stets mit dem Programm „Vollkornbrot“, damit es richtig aufgehen und backen kann.

Backfermentansatz

Backfermentansatz ist ein Triebmittel aus Honig, Mehl, Wasser und Backfermentpulver. Damit ein optimales Backresultat erzielt wird, ist die Qualität und Frische des Ferments entscheidend. Am besten beziehen Sie das Ferment direkt beim Hersteller, zum Beispiel bei Sekowa Seibold KG, Basaltstr. 8–10, 61197 Forststadt. Rezepte mit Backferment finden Sie auf S. 42 und 43.

Zucker

Zucker ist in Verbindung mit Hefe ein wichtiges Triebmittel. Es kann wahlweise weißer oder brauner Zucker verwendet werden. Zucker kann durch Sirup,

Honig oder Zuckerrohrsirup ersetzt werden. Bei Verwendung eines flüssigen Ersatzes muß die Wassermenge entsprechend reduziert werden. Verwenden Sie jedoch keinen Diabetikerzucker, da dieser beim Backen zerfällt.

SALZ
Salz reguliert die Aktivität der Hefe und verstärkt die Struktur des Teiges. Der Teig geht langsam, und es ergibt sich damit ein gleichmäßigeres Ergebnis. Falls zuwenig Salz verwendet wird, geht das Brot schnell auf und fällt dann vor oder während des Backens zusammen.

FETTE
Fette verfeinern den Teig. Sie können Butter, Margarine oder Öl verwenden. Butter oder Margarine sollten weich sein und vor dem Zugeben in das Gerät in Stückchen geteilt werden.

EIER
Eier werden insbesondere für Hefegebäck verwendet und bewirken, daß das Gebäck lockerer wird. Verwenden Sie stets garantiert frische Eier, und backen Sie das Brot sofort. Wegen der Salmonellengefahr sollten Sie auf eine Vorprogrammierung über mehrere Stunden verzichten.

GEWÜRZE
Gewürze können nach Belieben und Geschmack beigefügt werden. Die wichtigsten Brotgewürze sind Kümmel, Koriander, Anis und Fenchel.

KRÄUTER
Kräuter können sowohl frisch (fein gehackt) oder aber getrocknet verwendet werden.

FLÜSSIGKEIT
Flüssigkeit aktiviert die Hefe und bindet den Teig. Die Temperatur der Flüssigkeit bestimmt die Geschwindigkeit der Hefegärung. Wir verwenden in unseren Rezepten Wasser, Frisch- oder Buttermilch, aber auch andere Flüssigkeiten sind möglich. Falls eine andere Flüssigkeit verwendet wird, muß die Wassermenge entsprechend verringert werden. Bitte beachten Sie: Immer zuerst die Flüssigkeit in die Backform geben!

BACKPULVER
Backpulver kann ebenfalls als Triebmittel verwendet werden und eignet sich für Personen, die keine Hefe vertragen. Hierfür ist ausschließlich das Programm „Gebäck“ vorgesehen. Es können Weißbrote mit maximal 600 g Gesamtzutaten in beiden Modellen gebacken werden.

WEINSTEINBACKPULVER
Weinsteinbackpulver enthält kein Phosphat und wird deshalb für Allergiker empfohlen. Auch mit Weinsteinbackpulver wird ausschließlich im Programm „Gebäck“ gebacken.

Hinweise zu den Rezepten

Die richtigen Mengen und Maße

Bitte halten Sie sich beim Abmessen und Zufügen der Zutaten genau an die in den Rezepten genannten Mengen, um ein optimales Ergebnis zu erzielen. Falls Sie Mehl oder Wasser durch andere Zutaten ersetzen wollen, denken Sie daran, daß die Mengenverhältnisse wie im Originalrezept sein müssen. Damit ein perfektes Ergebnis erzielt wird, sind die folgenden Grundregeln für die Anpassung der Zutaten zu beachten:

Flüssigkeiten/Mehl

Der Teig sollte weich sein (nicht zu weich) und sich zu einer Kugel formen lassen. Prüfen Sie den Teig 5 Minuten nach dem ersten Kneten. Falls er noch zu feucht ist, geben Sie Mehl hinzu, bis der Teig die richtige Konsistenz hat. Ist der Teig zu trocken, löffelweise Wasser unterkneten.

Ersetzen von Flüssigkeit

Falls Sie bei einem Rezept Zutaten ersetzen, die Flüssigkeit enthalten (z. B. Frischkäse, Joghurt usw.), muß die entsprechende Flüssigkeitsmenge reduziert werden. Ein Ei ersetzt etwa 50 Milliliter Flüssigkeit, weshalb beim Zufügen eines Eis die Wasser- bzw. Milchmenge entsprechend verringert werden muß.

Falls Sie in großer Höhe wohnen (ab 750 m) oder über sehr weiches Wasser verfügen, wird der Gärvorgang der Hefe verstärkt und der Teig geht höher auf. Um ein übermäßiges Aufgehen und Überlaufen des Teiges zu verhindern, verringern Sie die Hefe um ca. 1/4 der angegebenen Menge.

Beifügen und Abmessen der Zutaten

Bitte halten Sie sich genau an die Reihenfolge der Zutaten, wie diese im Rezept genannt ist. Füllen Sie immer zuerst die Flüssigkeit in den Behälter, dann das Mehl und zum Schluß die Hefe. Damit die Hefe nicht zu schnell geht (insbesondere bei Verwendung der Zeitvorwahl), ist ein Kontakt zwischen der Hefe und der Flüssigkeit zu vermeiden. Verwenden Sie beim Abmessen immer die gleichen Meßeinheiten, d. h. verwenden Sie bei der Angabe von Eßlöffel und Teelöffel entweder die dem Brotbackautomaten beigefügten Meßlöffel oder Löffel, wie Sie diese im Haushalt verwenden. Die Grammangaben sollten Sie abwiegen und Milliliterangaben abmessen, weil dies genauere Mengen ergibt als die Verwendung des Meßbechers, der dem Gerät beigefügt ist und bei den verschiedenen Modellen unterschiedlich groß ist.

Zugabe von Früchten, Nüssen oder Körnern

Wenn Sie weitere Zutaten beifügen wollen, tun Sie dies in den Programmen:

- „Basis“ nach dem 2. Knetvorgang
- „Schnell“ während des 2. Knetvorgangs
- „Vollkorn“ nach dem 2. Knetvorgang

Es ertönt dann jeweils ein Piepston, der anzeigt, daß der Deckel geöffnet werden kann. Danach ist der Backautomat wieder zu verschließen. Falls Sie die Zutaten zu früh zugeben, werden Sie durch den Kneter zermahlen.

Backformen und Brotgewicht

Die nachstehenden Rezepte sind in einem Brotbackautomat zubereitet worden, der in zwei verschiedenen Größen angeboten wird. Es entsprechen, wie in den Rezepten angegeben,
Gerätetyp 1 einem Modell
für ein Brotgewicht von 750 g – 1000 g
Gerätetyp 2 einem Modell
für ein Brotgewicht von ca. 1500 g
In *Gerätetyp 1* kann man Roggen- oder Vollkornbrot bis zu 1000 g Gewicht backen, wobei die Mengenangaben bei diesen Rezepten um ein Drittel zu erhöhen wären.
In *Gerätetyp 2* lassen sich nur Brote mit den angegebenen Mengen herstellen. Man sollte die Zutaten nicht wesentlich reduzieren, weil sonst die Brotkruste zu hart werden könnte.
Sollten Sie nicht den „Backmeister“, sondern einen Brotbackautomaten eines anderen Herstellers besitzen, so richten Sie sich bei der Auswahl der Rezepte nach der Backform und dem hierfür angegebenen Brotgewicht.

Das tatsächliche Brotgewicht hängt von der Art der Flüssigkeiten und des Mehls ab und ist somit nur als Circa-Gewicht festlegbar.

Besondere Zubereitungen:

Bei den Kapiteln „Brote mit Backferment“(S. 42 und 43), „Brote aus Backmischungen“ (S. 56 bis 59) und „Brote für Getreideallergiker“ (S. 60 bis 63) weicht die Herstellung der Brote von den oben angebenen Anweisungen ab. Näheres finden Sie bei den Rezepten.

Backprogramme

Die in den Rezepten angegebenen Backprogramme beziehen sich auf den „Backmeister“ der Firma Unold GmbH. Sollten Sie ein anderes Gerät besitzen, lesen Sie sich die Bedienungsanleitung genau durch. In der Regel sind die Programme der Brotbackautomaten verschiedener Hersteller miteinander vergleichbar – auch wenn Sie anders bezeichnet sind.

Abkürzungsverzeichnis

EL	=	Eßlöffel gestrichen (oder Meßlöffel groß)
TL	=	Teelöffel gestrichen (oder Meßlöffel klein)
g	=	Gramm
ml	=	Milliliter
ger.	=	gerieben
getr.	=	getrocknet
geh.	=	gehackt
unbeh.	=	unbehandelt (Zitrusfrüchte)

BUNTE REZEPTIDEEN

KLASSIKER DER BACKSTUBE

SONNENBLUMENBROT

fein
geht einfach

Dazu paßt der Gurkenquark von Seite 78 besonders gut.

BASISPROGRAMM

ZUTATEN	GERÄTETYP 1	GERÄTETYP 2
Wasser	350 ml	600 ml
Butter	1 EL	1 1/2 EL
Mehl Type 550	540 g	800 g
Sonnenblumenkerne	5 EL	10 EL
Salz	1 TL	1 1/2 TL
Zucker	1/2 TL	1 TL
Trockenhefe	1 Päckchen	1 1/2 Päckchen

VARIATION

Sie können die Sonnenblumenkerne auch durch Kürbiskerne ersetzen. Wenn Sie die Kerne in einer Pfanne trocken rösten, schmecken sie noch intensiver.

HAFERBROT

herzhaft
leicht

Dazu paßt das Apfelschmalz von Seite 77 besonders gut.

BASISPROGRAMM

ZUTATEN	GERÄTETYP 1	GERÄTETYP 2
Wasser	300 ml	450 ml
Butter/Margarine	1 1/2 EL	2 EL
Salz	1 TL	2 TL
Brauner Zucker	2 EL	3 EL
Haferflocken	75 g	100 g
Mehl Type 1050	450 g	700 g
Trockenhefe	1 Päckchen	1 1/2 Päckchen

Sonnenblumenbrot ►

Sauerteig-Brot

klassisch für Genießer

Basisprogramm

Zutaten	Gerätetyp 1	Gerätetyp 2
Trockensauerteig	50 g	100 g
Wasser	350 ml	700 ml
Butter/Margarine	1 1/2 EL	3 EL
Salz	3 TL	6 TL
Zucker	2 TL	4 TL
Mehl Type 997	180 g	360 g
Mehl Type 1050	360 g	720 g
frische Hefe	1/2 Päckchen	1 Päckchen

Dazu paßt der Edelpilzkäseaufstrich von Seite 76 besonders gut.

Bauernbrot

knusprig aromatisch

Basisprogramm

Zutaten	Gerätetyp 1	Gerätetyp 2
Milch	200 ml	250 ml
Salz	1 TL	1 1/2 TL
Eier	1	2
Butter/Margarine	1 EL	1 1/2 EL
Mehl Type 1050	540 g	650 g
Zucker	1 EL	1 EL
Trockenhefe	3/4 Päckchen	1 Päckchen

Dazu paßt gekochter Schinken besonders gut.

Wussten Sie schon...

...daß Roggen einen hohen Mineralstoffanteil hat? Brote, die mit Roggenmehl zubereitet werden, sind daher besonders gesund. Für helles Roggenbrot können Sie Roggenmehl Type 997 verwenden, für dunkles Brot nehmen Sie Roggenmehl Type 1150.

Roggenbrot

würzig
delikat

PROGRAMM VOLLKORNBROT

ZUTATEN	GERÄTETYP 1	GERÄTETYP 2
Wasser	300 ml	600 ml
Butter/Margarine	1 1/2 EL	3 EL
Salz	1 TL	2 TL
Zucker	2 EL	3 EL
Roggenmehl	180 g	360 g
Mehl Type 1050	360 g	720 g
Trockenhefe	1 Päckchen	1 1/2 Päckchen

TIP

Achten Sie auch bei Trockenhefe auf das Verfallsdatum. Wenn dieses überschritten ist, verliert die Hefe ihre Triebkraft.

Dazu paßt die Pfefferbutter von Seite 78 besonders gut.

Klassisches Weissbrot

leicht
geht einfach

Dazu paßt die Erbeermarmelade von Seite 72 besonders gut.

Basisprogramm

Zutaten	Gerätetyp 1	Gerätetyp 2
Wasser/Milch	300 ml	350 ml
Butter/Margarine	1 1/2 EL	2 EL
Salz	1 TL	1 1/2 TL
Zucker	1 EL	2 EL
Mehl Type 550	540 g	650 g
Trockenhefe	3/4 Päckchen	1 Päckchen

Kartoffelbrot

rustikal
Winterrezept

Dazu paßt roher Schinken besonders gut.

Basisprogramm

Zutaten	Gerätetyp 1	Gerätetyp 2
Wasser/Milch	300 ml	350 ml
Butter/Margarine	2 EL	3 EL
Eier	1	1
zerdrückte, gekochte Kartoffeln	90 g	150 g
Salz	1 TL	1 1/2 TL
Zucker	2 EL	2 1/2 EL
Mehl Type 550	540 g	650 g
Trockenhefe	1 Päckchen	1 1/2 Päckchen

Tip

Am besten verwenden Sie für dieses Rezept mehligkochende Kartoffeln, da diese mehr Stärke enthalten.

Klassisches Weißbrot (oben) ►
Kartoffelbrot (unten) ►

Italienisches Weissbrot

leicht
geht schnell

Paßt besonders gut zu kalten italienischen Vorspeisen.

Programm Weissbrot

Zutaten	Gerätetyp 1	Gerätetyp 2
Wasser	300 ml	350 ml
Salz	1 TL	1 1/2 TL
Pflanzenöl	1 1/2 EL	2 EL
Mehl Type 550	540 g	650 g
Zucker	1 TL	2 TL
Trockenhefe	3/4 Päckchen	1 Päckchen

Wussten Sie schon...

...daß Weißbrot frisch aus dem Ofen am besten schmeckt? Zudem sollten Sie Weißbrot, wie alle Brotsorten, niemals in Plastikbeuteln aufbewahren. Es wird sonst zu weich. Sollten Sie auf Vorrat backen wollen, dann frieren Sie das Brot nach dem Backen am besten ein. Bitte vorher vollständig abkühlen lassen.

Buttermilch-brot

mild
aromatisch

Dazu paßt die Erdbeermarmelade von Seite 72 besonders gut.

Basisprogramm

Zutaten	Gerätetyp 1	Gerätetyp 2
Buttermilch	300 ml	350 ml
Butter/Margarine	1 1/2 EL	2 EL
Salz	1 TL	2 TL
Zucker	2 EL	3 EL
Mehl Type 1050	540 g	650 g
Trockenhefe	3/4 Päckchen	1 Päckchen

Tip

Achten Sie darauf, daß alle Zutaten zimmerwarm sind, wenn Sie das Brot sofort backen wollen. Sie können die Buttermilch auch leicht erwärmen.

Eierbrot

vollmundig
geht schnell

Programm Hefekuchen

Zutaten	Gerätetyp 1	Gerätetyp 2
Eier	2	3
*mit Wasser/Milch auffüllen bis	330 ml	400 ml
Butter/Margarine	1 1/2 EL	2 EL
Salz	1 TL	1 1/2 TL
Zucker	2 EL	2 EL
Mehl Type 550	540 g	650 g
Trockenhefe	1/2 Päckchen	3/4 Päckchen

* Zuerst die Eier in ein Meßgefäß schlagen. Dann mit Wasser/Milch bis zur erforderlichen Menge auffüllen. Das Brot sofort backen und noch frisch verzehren.

Dazu paßt milder, gekochter Schinken besonders gut.

Rosinenbrot

mild
für den Nachmittags-kaffee

Basisprogramm

Zutaten	Gerätetyp 1	Gerätetyp 2
Wasser	300 ml	310 ml
Butter/Margarine	2 1/2 EL	2 1/2 EL
Salz	1 TL	1TL
Honig	3 EL	3 EL
Mehl Type 405	540 g	650 g
Trockenhefe	3/4 Päckchen	1 Päckchen
Rosinen	75 g	100 g

Variation

Sie können die Rosinen auch durch eine Trockenobst- und/oder Nußmischung ersetzen. Diese Zutaten vor der Zugabe kleinwürfeln.

Dazu paßt die Beeren-marmelade von Seite 74 besonders gut.

Süsses Brot

mild
bei Kindern beliebt

Dazu passen süße Brotaufstriche wie Marmelade oder Nußnougatcreme.

Programm Hefekuchen

Zutaten	Gerätetyp 1	Gerätetyp 2
Milch	200 ml	250 ml
Butter/Margarine	1 1/2 EL	2 EL
Eier	1	2
Salz	1 TL	1 1/2 TL
Honig	4 EL	5 EL
Mehl Type 550	540 g	650 g
frische Hefe	3/4 Päckchen	1 Päckchen

Tip

Dieses Brot läßt sich sehr gut einfrieren.

Joghurtbrot

leicht
fein-säuerlich

Dazu paßt der Gurkenquark von Seite 78 besonders gut.

Basisprogramm

Zutaten	Gerätetyp 1	Gerätetyp 2
Wasser/Milch	200 ml	250 ml
Vollmilchjoghurt	100 ml	100 ml
Salz	1 TL	1 1/2 TL
Zucker	2 EL	2 1/2 EL
Mehl Type 550	540 g	650 g
Trockenhefe	3/4 Päckchen	1 Päckchen

Wussten Sie schon...

...daß Hefe ein jahrtausendealtes Triebmittel ist? Bereits die Ägypter verwendeten vor etwa 4 000 Jahren Hefe zum Brotbacken. Daneben wurde die Pilzkultur aber auch als Heilmittel genutzt, etwa für heiße Umschläge bei Hautkrankheiten.

Programm Weissbrot

Zutaten	Gerätetyp 1	Gerätetyp 2
Wasser	300 ml	350 ml
Mehl Type 550	540 g	650 g
Zucker	1 TL	1 1/2 TL
Salz	1 TL	1 1/2 TL
gemahlener Mohn	75 g	100 g
Butter	1 EL	1 1/2 EL
ger. Muskatnuß	1 Prise	2 Prisen
ger. Parmesan	1 EL	1 1/2 EL
Trockenhefe	3/4 Päckchen	1 Päckchen

Mohnbrot

würzig
für Feinschmecker

Dazu paßt roher oder gekochter Schinken besonders gut.

BUNTES FRÜHSTÜCKS-BROT

vollmundig auch für den Nachmittagskaffee geeignet

Dazu paßt mildgesäuerte Butter besonders gut.

SCHNELLPROGRAMM

ZUTATEN	GERÄTETYP 1	GERÄTETYP 2
Milch	300 ml	350 ml
Mehl Type 405	540 g	650 g
Zucker	1 TL	2 TL
Salz	1 TL	1 1/2 TL
grob gehackte, getr. Pflaumen	3 Stück	5 Stück
grob gehackte, getr. Aprikosen	3 Stück	5 Stück
Knuspermüsli	50 g	75 g
Kokosflocken	1 EL	1 1/2 EL
Butter	1 EL	1 1/2 EL
Trockenhefe	1/2 Päckchen	3/4 Päckchen

ROSINEN-NUSS-BROT

nussig bei Kindern beliebt

Dazu paßt die Erdbeermarmelade von Seite 72 besonders gut.

PROGRAMM HEFEKUCHEN

ZUTATEN	GERÄTETYP 1	GERÄTETYP 2
Wasser/Milch	300 ml	350 ml
Butter/Margarine	1 1/2 EL	2 EL
Salz	1 TL	1 1/2 TL
Zucker	2 EL	3 EL
Mehl Type 405	540 g	650 g
Trockenhefe	3/4 Päckchen	1 Päckchen
Rosinen	100 g	100 g
gehackte Walnüsse	3 EL	4 EL

Buntes Frühstücksbrot ►

Frischkäse-Brot

leicht
mal was anderes

Dazu paßt der Edelpilzkäseaufstrich von Seite 76 besonders gut.

Basisprogramm

Zutaten	Gerätetyp 1	Gerätetyp 2
Wasser/Milch	225 ml	250 ml
Butter/Margarine	3 EL	4 EL
Eier	1	2
Salz	1 TL	1 1/2 TL
Zucker	2 EL	2 1/2 EL
körniger Frischkäse	125 g	150 g
Mehl Type 550	540 g	650 g
Trockenhefe	3/4 Päckchen	1 Päckchen

Zwiebelbrot

würzig
Herbstrezept

Dazu paßt die Pfefferbutter von Seite 78 besonders gut.

Basisprogramm

Zutaten	Gerätetyp 1	Gerätetyp 2
Wasser	250 ml	300 ml
Butter/Margarine	1 EL	1 1/2 EL
Salz	1 TL	1 1/2 TL
Zucker	2 EL	2 1/2 EL
gehackte Zwiebel	1 große Zwiebel	1 1/2 große Zwiebeln
Mehl Type 1050	540 g	650 g
Trockenhefe	3/4 Päckchen	1 Päckchen

Variation

Nach Geschmack können Sie die gehackten Zwiebeln vor der Zugabe in wenig Öl glasig dünsten. Die Zwiebeln dann abkühlen und sehr gut abtropfen lassen.

Kräuterbrot

fein-würzig
Sommerrezept

Basisprogramm

Zutaten	Gerätetyp 1	Gerätetyp 2
Buttermilch	300 ml	350 ml
Salz	1 TL	1 1/2 TL
Butter	1 1/2 EL	2 EL
Zucker	1 EL	1 1/2 EL
Mehl Type 550	540 g	650 g
feingehackte Petersilie	4 EL	6 EL
Trockenhefe	3/4 Päckchen	1 Päckchen

Variation

Sie können die Petersilie auch durch gemischte Kräuter (Schnittlauch, Dill, Petersilie) ersetzen.

Dazu paßt die Zitronenbutter von Seite 79 besonders gut.

MÖHRENBROT

aromatisch
reich an Vitamin A

Dazu paßt der Gemüse aufstrich von Seite 74 besonders gut.

BASISPROGAMM

ZUTATEN	GERÄTETYP 1	GERÄTETYP 2
Wasser	300 ml	350 ml
Butter	1 EL	1 1/2 EL
Mehl Type 550	540 g	650 g
sehr fein zerkleinerte Möhren	60 g	90 g
Salz	1 TL	2 TL
Zucker	1 TL	1 TL
Trockenhefe	3/4 Päckchen	1 Päckchen

MAISBROT

raffiniert
mal was anderes

Dazu paßt das Apfelschmalz von Seite 77 besonders gut.

BASISPROGRAMM

ZUTATEN	GERÄTETYP 1	GERÄTETYP 2
Wasser	300 ml	350 ml
Butter	1 EL	1 1/2 EL
Mehl Type 550	540 g	650 g
Maisgrieß	3 EL	4 EL
geh. säuerlicher Apfel, mit Schale	1/2 Apfel	1 Apfel
Trockenhefe	3/4 Päckchen	1 Päckchen

VARIATION

Der Teig eignet sich auch sehr gut zur Herstellung knuspriger Brötchen. Bereiten Sie den Teig dann im Programm „Teig“ zu, formen Sie daraus Brötchen, und backen Sie diese bei etwa 180 °C im Ofen.

Möhrenbrot (oben) ►
Maisbrot (unten) ►

Feigen-Walnuss-Brot

nussig
Herbstrezept

Dazu paßt ein Federweißer (halbvergorener Wein) besonders gut.

Basisprogramm

Zutaten	Gerätetyp 1	Gerätetyp 2
Wasser	300 ml	600 ml
Mehl Type 550	270 g	540 g
Roggenmehl Type 997	270 g	540 g
Salz	1 TL	2 TL
fein geh. Feigen	6 Stück	12 Stück
geh. Walnüsse	100 g	200 g
Sauerteigansatz	75 ml	150 ml
Trockenhefe	1 Päckchen	2 Päckchen

Kürbisbrot

fein
Herbstrezept

Dazu paßt die Zitronenbutter von Seite 79 besonders gut.

Basisprogramm

Zutaten	Gerätetyp 1	Gerätetyp 2
Kürbisfruchtfleisch*	500 g	550 g
Mehl Type 550	540 g	650 g
Salz	1 TL	2 TL
Zucker	1 Prise	1/2 TL
ger. Muskatnuß	1 Prise	2 Prisen
Kürbiskerne	50 g	100 g
Trockenhefe	3/4 Päckchen	1 Päckchen

* Das Kürbisfruchtfleisch kleinschneiden und in Salzwasser weich kochen. Abtropfen lassen, pürieren und in den Backbehälter geben. Restliche Zutaten dazugeben.
Die Kochflüssigkeit vom Kürbis aufheben und eventuell nach dem ersten Kneten etwas zufügen, falls der Teig zu fest sein sollte.

Zucchinibrot

mild
Sommerrezept

Basisprogramm

Zutaten	Gerätetyp 1	Gerätetyp 2
Zucchini*	300 g	350 g
Salz	1 EL	1 1/2 EL
Wasser	200 ml	300 ml
Mehl Type 550	540 g	650 g
Honig	1 TL	2 TL
Trockenhefe	3/4 Päckchen	1 Päckchen

* Die Zucchini grob reiben, mit Salz bestreuen und für 30 Minuten Saft ziehen lassen. Dann ausdrücken. Nach dem Mehl in den Backbehälter geben. Bestreichen Sie das Brot nach dem Backen noch heiß mit Olivenöl.

Dazu paßt der Gurkenquark von Seite 78 besonders gut.

Rumrosinen-Nuss-Brot

aromatisch
mit Alkohol

Dazu paßt die Erdbeermarmelade von Seite 72 besonders gut.

Programm Hefekuchen

Zutaten	Gerätetyp 1	Gerätetyp 2
Wasser/Milch	300 ml	350 ml
Rum, 40 Vol.-%	1 EL	1 1/2 EL
Butter	50 g	75 g
Weizenvollkornmehl	540 g	650 g
Tannenhonig	3 EL	4 EL
Salz	1 TL	1 1/2 TL
ganze Walnußkerne*	100 g	150 g
Rumrosinen (Fertigprodukt)	100 g	100 g
Trockenhefe	3/4 Päckchen	1 Päckchen

* Fügen Sie die Walnußkerne und die Rumrosinen erst nach dem ersten Piepston zu.

Honigbrot

mild
für Feinschmecker

Dazu paßt die Orangenmarmelade von Seite 72 sehr gut.

Programm Weissbrot

Zutaten	Gerätetyp 1	Gerätetyp 2
Wasser	300 ml	350 ml
Salz	1 TL	1 1/2 TL
Olivenöl	2 TL	2 1/2 TL
Honig	1 EL	1 1/2 EL
Mehl Type 550	540 g	650 g
Trockenhefe	3/4 Päckchen	1 Päckchen

Wussten Sie schon...

...daß kalt gepreßtes Olivenöl besonders reich an ungesättigten Fettsäuren und daher günstig für den Cholesterinspiegel ist? Kalt gepreßte Öle sind zwar nicht ganz billig, dafür aber von bester Qualität.

Kräuterbrot aus Frankreich

würzig
mit Knoblauch

Dazu paßt der Gurkenquark von Seite 78 besonders gut.

Programm Weissbrot

Zutaten	Gerätetyp 1	Gerätetyp 2
Wasser	300 ml	350 ml
Mehl Type 550	540 g	650 g
Zucker	1 TL	1 1/2 TL
Salz	1 TL	1 1/2 TL
feingehackte Kräuter (Petersilie, Dill, Kresse, Kerbel)	4 EL	6 EL
durchgepreßter Knoblauch	1 Zehe	2 Zehen
Butter	1 EL	1 1/2 EL
Trockenhefe	3/4 Päckchen	1 Päckchen

Tip
Verwenden Sie anstelle von Salz einmal Kräutersalz.

Pizzabrot

knusprig
bei Kindern beliebt

Dazu paßt ein Rotwein besonders gut.

Basisprogramm

Zutaten	Gerätetyp 1	Gerätetyp 2
Wasser	200 ml	250 ml
Öl	1 EL	1 1/2 EL
Salz	1 TL	1 1/2 TL
Zucker	1 TL	1 1/2 TL
getr. Oregano	1 TL	1 1/2 TL
ger. Parmesan	2 EL	3 EL
kleingeschnittene Salami	50 g	75 g
Mehl Type 550	540 g	650 g
Trockenhefe	3/4 Päckchen	1 Päckchen

Reisbrot

mild
geht einfach

Dazu paßt die Beerenmarmelade von Seite 74 besonders gut.

Schnellprogramm

Zutaten	Gerätetyp 1	Gerätetyp 2
Reis*	50 g	75 g
Salz für den Reis*	1/2 TL	1/2 TL
Kochwasser vom Reis	300 ml	350 ml
Mehl Type 405	540 g	650 g
Zucker	2 TL	3 TL
Trockenhefe	3/4 Päckchen	1 Päckchen

* Den Reis in reichlich Salzwasser weich kochen und abkühlen lassen. Dann abgießen, dabei die Kochflüssigkeit auffangen und wie angegeben, verwenden. Den gegarten Reis nach dem Mehl in den Backbehälter geben.

Variation

Anstelle von Reiskochwasser läßt sich auch Milch verwenden. Dem Brotteig können Sie auch 2 Eßlöffel Rosinen und 1 Teelöffel Zimtpulver zufügen.

Pfeffer-Mandel-Brot

raffiniert
für die Party

Dazu paßt ein milder Weichkäse besonders gut.

Schnellprogramm

Zutaten	Gerätetyp 1	Gerätetyp 2
Wasser	300 ml	350 ml
Mehl Type 550	540 g	650 g
Salz	1 TL	1 1/2 TL
Zucker	1 TL	1 1/2 TL
Butter	2 EL	2 1/2 EL
Mandelblättchen, geröstet	100 g	150 g
eingelegte grüne Pfefferkörner	1 EL	1 1/2 EL
frische Hefe	3/4 Päckchen	1 Päckchen

Amarettobrot

AMARETTO-BROT

fein
mit Alkohol

SCHNELLPROGRAMM

ZUTATEN	GERÄTETYP 1	GERÄTETYP 2
Wasser/Milch	150 ml	175 ml
Amaretto	150 ml	175 ml
Mehl Type 405	540 g	650 g
Zucker	1 TL	$1^1/_2$ TL
Salz	2 Prisen	3 Prisen
Butter	1 EL	$1^1/_2$ EL
Mandelblättchen	100 g	150 g
Trockenhefe	$^3/_4$ Päckchen	1 Päckchen

Dazu paßt die Orangenmarmelade von Seite 72 besonders gut.

VARIATION

Anstelle der Mandelblättchen können Sie auch grob gehackte Mandeln nehmen.

BIERBROT

würzig
für die Brotzeit

Dazu paßt das Apfelschmalz von Seite 77 besonders gut.

BASISPROGRAMM

ZUTATEN	GERÄTETYP 1	GERÄTETYP 2
Wasser	150 ml	175 ml
helles Bier	150 ml	175 ml
Mehl Type 550	540 g	650 g
Buchweizenmehl	3 EL	4 EL
Kleie	1 1/2 EL	2 EL
Salz	1 TL	1 1/2 TL
Sesamsamen	3 EL	5 EL
Malzextrakt (Sirup)	1 1/2 EL	2 EL
Trockenhefe	1/2 Päckchen	3/4 Päckchen
Sauerteigansatz	150 ml	200 ml

WINZERBROT

rustikal
Herbstrezept

Dazu paßt der Edelpilzkäseaufstrich von Seite 76 besonders gut.

BASISPROGRAMM

ZUTATEN	GERÄTETYP 1	GERÄTETYP 2
Wasser	150 ml	225 ml
trockener Weißwein	150 ml	225 ml
Mehl Type 550	270 g	400 g
Roggenmehl Type 1150	270 g	400 g
Salz	1 TL	1 1/2 TL
brauner Zucker	1 TL	1 1/2TL
Schweineschmalz	90 g	135 g
geh. Weinlaub	2 EL	3 EL
geh. Lauch	2 EL	3 EL
geh. Walnußkerne	3 EL	5 EL
Sauerteigansatz	75 ml	100 ml
Trockenhefe	1 Päckchen	1 1/2 Päckchen

Winzerbrot ►

Gewürzbrot

würzig
aromatisch

Dazu paßt der Gurkenquark von Seite 78 besonders gut.

Basisprogramm

Zutaten	Gerätetyp 1	Gerätetyp 2
lauwarmes Wasser	250 ml	500 ml
Sauerteigansatz	75 ml	150 ml
Butter	1 EL	2 EL
Mehl Type 1150	180 g	360 g
Mehl Type 1050	360 g	720 g
Salz	2 TL	3 TL
Zucker	2 TL	3 TL
Korianderpulver	1/2 TL	1/2 TL
Fenchelsamen	1/2 TL	1/2 TL
Anissamen	1/2 TL	1/2 TL
Trockenhefe	1 Päckchen	1 1/2 Päckchen

Sardellenbrot

würzig
für die Party

Dazu paßt feine Kräuterbutter besonders gut.

Programm Vollkornbrot

Zutaten	Gerätetyp 1	Gerätetyp 2
Wasser	300 ml	350 ml
Weizenvollkornmehl	360 g	450 g
Weizenvollkornschrot	180 g	200 g
geh. Sardellenfilets	10 Stück	15 Stück
roter Apfel mit Schale, in Würfeln	1	1 1/2
Olivenöl	1 EL	1 1/2 EL
Trockenhefe	3/4 Päckchen	1 Päckchen

Variation

Anstelle des Apfels können Sie auch eine Gewürzgurke fein würfeln und beifügen.

Fränkisches Speckbrot

kräftig
würzig

Dazu paßt das Apfelschmalz von Seite 77 besonders gut.

Basisprogramm

Zutaten	Gerätetyp 1	Gerätetyp 2
Buttermilch	300 ml	600 ml
Roggenmehl Type 610	540 g	1080 g
Salz	1/2 TL	1 TL
durchwachsener Speck, in feinen Würfeln	100 g	200 g
Sauerteigansatz	75 ml	150 ml

Tip

Dieses Speckbrot ist ein sehr festes Brot. Wenn Sie es etwas luftiger wünschen, sollten Sie zusätzlich 1 bis 2 Teelöffel Trockenhefe beigeben.

WEIZEN-ROGGEN-MISCHBROT MIT BACKFERMENT

vollwertig mit vielen Ballaststoffen

Dazu paßt körniger Frischkäse besonders gut.

TIP
Sollte die Kruste des Brotes nach dem Backen rissig sein, erhöhen Sie beim nächsten Backen dieses Brotes die Wassermenge ein wenig. Ist das Brot nach dem Backen »speckig«, müssen Sie die Wassermenge beim nächsten Mal etwas reduzieren.

PROGRAMM TEIG UND VOLLKORNBROT – BRÄUNUNG: DUNKEL

ZUTATEN	GERÄTETYP 1	GERÄTETYP 2
1. zimmerwarmes Wasser	225 ml	450 ml
Backferment-Grundansatz	1 TL (5 g)	1 EL (10 g)
Spezialbackferment	1/4 TL (1,5 g)	1/2 TL (3 g)
feines Roggenschrot	150 g	300 g
feines Weizenschrot	50 g	100 g
2. warmes Wasser (35°C)	150 ml	300 ml
Weizenschrot	300 g	600 g
Salz	1 EL	2 EL

1. Von dem Wasser einen kleinen Teil abnehmen und Backferment-Grundansatz sowie Spezialbackferment klümpchenfrei darin auflösen. Die Masse in den Behälter geben. Restliches zimmerwarmes Wasser und Roggenschrot hinzufügen. Mit der Menütaste das Programm „Teig" wählen und die Start-Taste drücken. Nach etwa 5 Minuten den Deckel abnehmen, mit dem Spatel das Schrot von den Wänden der Backform ablösen und untermischen. Den Deckel wieder schließen und nach weiteren 10 Minuten, wenn eine homogene Masse entstanden ist, die Stop-Taste drücken.

2. Warmes Wasser, Weizenschrot und Salz dazugeben. Das Programm „Vollkornbrot" wählen. Mit der Bräunungstaste „H" = dunkel einstellen. Mit der Zeitwahl-Taste 12 Stunden vorprogrammieren. Programm starten.

Dinkel-Schrotbrot mit Backferment

fein
würzig

Dazu paßt der Gurkenquark von Seite 78 besonders gut.

Programm Vollkornbrot – Bräunung: Dunkel

Zutaten	Gerätetyp 1	Gerätetyp 2
Wasser	125 ml	250 ml
Backferment-Grundansatz	1 TL	1 EL
Spezialbackferment	1/4 TL	1/2 TL
feines Dinkelschrot	150 g	300 g
warmes Wasser (35°C)	215 ml	430 ml
feines Dinkelschrot	350 g	700 g
Salz	1 EL	2 EL

Das Dinkelschrotbrot wie das Rezept „Weizen-Roggen-Mischbrot" (links) zubereiten.

Weizen-Schrotbrot mit Backferment

herzhaft
für die ganze Familie

Dazu paßt französischer Weichkäse oder gekochter Schinken besonders gut.

Programm Vollkornbrot –Bräunung: Dunkel

Zutaten	Gerätetyp 1	Gerätetyp 2
Wasser	175 ml	350 ml
Backferment-		
Grundansatz	1 TL	1 EL
Spezialbackferment	1/4 TL	1/2 TL
feines Weizenschrot	175 g	350 g
warmes Wasser (35°C)	185 ml	370 ml
Weizenschrot	325 g	650 g
Salz	1 EL	2 EL

Das Weizenschrotbrot wie das Rezept „Weizen-Roggen-Mischbrot" (links) zubereiten.

Tip

Backferment können Sie direkt über einen Hersteller, zum Beispiel Sekowa Seibold AG, beziehen. Die genaue Adresse finden Sie im Einleitungsteil auf S. 10.

VOLLKORNBROTE

SIEBENKORN-BROT

vollwertig für Gesundheitsbewußte

Dazu paßt der Gemüse-aufstrich von Seite 74 besonders gut.

PROGRAMM VOLLKORNBROT

ZUTATEN	GERÄTETYP 1	GERÄTETYP 2
Wasser	300 ml	450 ml
Butter/Margarine	1 1/2 EL	2 EL
Salz	1 TL	1 1/2 TL
Zucker	2 1/2 EL	4 EL
Mehl Type 1050	240 g	360 g
Weizenvollkornmehl	240 g	360 g
7-Korn-Flocken	60 g	90 g
Trockenhefe	3/4 Päckchen	1 Päckchen

ROGGENVOLL-KORNBROT

ausgefallen bei Kindern beliebt

Dazu passen süße Brot-aufstriche, wie Marmelade oder Honig, besonders gut.

PROGRAMM VOLLKORNBROT

ZUTATEN	GERÄTETYP 1	GERÄTETYP 2
Sauerteig *	75 g	150 g
Hefe	1/2 Päckchen	1 Päckchen
warmes Wasser	325 ml	650 ml
Tannenhonig	2 EL	3 EL
Roggenvollkornmehl	350 g	700 g
Roggenschrot	150 g	300 g
Johannisbrot-kernmehl	1 EL	2 EL
Salz	1/2 EL	1 EL

* Sauerteig, Hefe, Wasser und Honig gut verquirlen und in die Backform füllen. Mehl, Schrot und Johannisbrotkernmehl vermischen und hinzufügen. Zuletzt das Salz in die Form geben.

Siebenkornbrot ▶

Dinkelbrot

fein mit Sonnenblumen-kernen

Dazu paßt gekochter Schinken oder ein würziger Hartkäse besonders gut.

Programm Vollkornbrot

Zutaten	Gerätetyp 1	Gerätetyp 2
Buttermilch	300 ml	350 ml
Dinkelvollkornmehl	360 g	450 g
Roggenvollkornmehl	90 g	120 g
Dinkelschrot	90 g	120 g
Sonnenblumenkerne	50 g	75 g
Salz	1 TL	1 TL
Zucker	1/2 TL	1 TL
Sauerteigansatz	75 ml	110 ml
Trockenhefe	3/4 Päckchen	1 Päckchen

Tip

Öffnen Sie den Brotbackautomaten, wenn er noch 1 Stunde 30 Minuten anzeigt. Bestreichen Sie das Brot mit warmem Wasser, bestreuen Sie es mit Dinkel- oder Haferflocken, die sie andrücken. Dann fertigbacken.

Weizen-schrotbrot

herzhaft für das Buffet

Dazu paßt die Pfeffer-butter von Seite 78 besonders gut.

Programm Vollkornbrot

Zutaten	Gerätetyp 1	Gerätetyp 2
Wasser	300 ml	350 ml
Salz	1 TL	1 1/2 TL
Butter/Margarine	2 EL	3 EL
Honig	1 1/2 EL	2 EL
Mehl Type 1050	360 g	400 g
Weizenvollkornmehl	180 g	200 g
Weizenschrot	50 g	60 g
Trockenhefe	3/4 Päckchen	1 Päckchen

Wussten Sie schon...

...daß frisches Schrot die besten Brote ergibt? Kaufen Sie die benötigte Menge daher immer erst kurz vor dem Backen.

Hirsebrot

ausgefallen
reich an Ballaststoffen

Programm Vollkornbrot

Zutaten	Gerätetyp 1	Gerätetyp 2
Wasser	300 ml	400 ml
Butter	1 1/4 EL	1 1/2 EL
Weizenvollkornmehl	360 g	480 g
Mehl Type 550	180 g	240 g
Salz	1 TL	1 1/2 TL
Zucker	1 TL	1 1/2 TL
Hirse *(abgetropft)	4 EL	8 EL
Sesamsamen	1 EL	2 EL
Leinsamen	1 EL	1 1/2 EL
Trockenhefe	3/4 Päckchen	1 Päckchen

* Die Hirse in heißem Wasser über Nacht einweichen.

Dazu paßt Kräuterfrischkäse oder auch Knoblauchbutter besonders gut.

Reines Weizenvollkornbrot

traditionell
würzig

Dazu paßt der Edelpilzkäseaufstrich von Seite 76 besonders gut.

Programm Vollkornbrot

Zutaten	Gerätetyp 1	Gerätetyp 2
Wasser	300 ml	350 ml
Salz	1 1/2 TL	2 TL
Pflanzenöl	1 EL	1 1/2 EL
Honig	2 TL	1 EL
Rübensirup	1 EL	1 1/2 EL
Weizenvollkornmehl	540 g	650 g
Vitalweizengluten (Reformhaus)	1 EL	1 1/2 EL
Trockenhefe	3/4 Päckchen	1 Päckchen

Wussten Sie schon...

...daß Rübensirup eine bewährte Brotbackzutat ist? Der Sirup verleiht dem Brot nicht nur einen kräftigen Geschmack, sondern auch eine hübsche dunkle Färbung. Sie erhalten ihn in Reformhäusern.

Joghurt-Vollkornbrot

mild
bei Kindern beliebt

Dazu paßt der Gurkenquark von Seite 78 besonders gut.

Programm Vollkornbrot

Zutaten	Gerätetyp 1	Gerätetyp 2
Wasser/Milch	200 ml	250 ml
Vollmilchjoghurt	150 g	175 g
Salz	1 TL	1 1/2 TL
Zucker	2 EL	2 1/2 EL
Mehl Type 550	180 g	250 g
Weizenvollkornmehl	360 g	400 g
Trockenhefe	3/4 Päckchen	1 Päckchen

Vielkornbrot

vollwertig
reich an Ballaststoffen

Programm Vollkornbrot

Zutaten	Gerätetyp 1	Gerätetyp 2
Wasser	300 ml	400 ml
Weizenvollkornmehl	180 g	250 g
Roggenvollkornmehl	180 g	250 g
Roggenschrot	60 g	75 g
Grünkernschrot	60 g	75 g
Buchweizenschrot	60 g	75 g
Sonnenblumenkerne	50 g	75 g
Kürbiskerne	50 g	75 g
Leinsamen	1 EL	2 EL
Sesamsamen	1 EL	2 EL
Salz	1 TL	2 TL
Sauerteigansatz	75 ml	150 ml
Trockenhefe	1 Päckchen	1 1/2 Päckchen

Dazu paßt ein würziger Quarkaufstrich mit vielen frischen Kräutern besonders gut.

Variation

Sie können dem Teig noch fein gehackte Petersilie beifügen, dann schmeckt das Brot besonders lecker. Wenn Sie die Sonnenblumen- und die Kürbiskerne vor der Zugabe in einer beschichteten Pfanne ohne Fettzugabe kurz rösten, verstärkt sich deren Eigengeschmack.

Tip

Fetthaltige Kornsorten werden schnell ranzig. Sie sollten sie daher trocken, dunkel und nur für kurze Zeit lagern.

VOLLKORN-BROT

fein
für Genießer

Dazu paßt Doppelrahm-frischkäse mit Kräutern besondern gut.

PROGRAMM VOLLKORNBROT

ZUTATEN	GERÄTETYP 1	GERÄTETYP 2
Wasser	300 ml	350 ml
Butter/Margarine	1 1/2 EL	2 EL
Eier	1	2
Salz	1 TL	1 1/2 TL
Zucker	2 TL	3 TL
Mehl Type 1050	360 g	450 g
Weizenvollkornmehl	180 g	200 g
Trockenhefe	3/4 Päckchen	1 Päckchen

TIP

Falls Sie die Zeitvorwahl benutzen, sollten Sie keine Eier verwenden, sondern stattdessen etwas mehr Wasser zugeben.

SCHWARZBROT

herzhaft
für die Brotzeit

Dazu paßt gekochter oder roher Schinken besonders gut.

PROGRAMM VOLLKORNBROT– BRÄUNUNG: DUNKEL

ZUTATEN	GERÄTETYP 1	GERÄTETYP 2
warmes Wasser	300 ml	600 ml
grobes Roggen-vollkornschrot	360 g	720 g
feines Roggenschrot	180 g	360 g
Salz	1 TL	2 TL
Sonnenblumenkerne	100 g	150 g
dunkler Rübensirup	100 ml	150 ml
Trockenhefe	1 Päckchen	2 Päckchen
Trockensauerteig	1/2 Packung	2 Packungen

TIP

Trockensauerteig erhalten Sie in Naturkostläden und in sehr gut sortierten Supermärkten. Achten Sie auf das Verfallsdatum.

Landbrot

Landbrot

würzig
für das Picknick

Dazu paßt der Gurkenquark von Seite 78 besonders gut

Basisprogramm

Zutaten	Gerätetyp 1	Gerätetyp 2
Wasser	350 ml	400 ml
Roggenmehl Type 1150	90 g	100 g
Weizenvollkornmehl	360 g	450 g
Dinkelmehl	90 g	100 g
Rübensirup	2 EL	2 1/2 EL
Pimentkörner	3 Stück	5 Stück
Koriander	1 TL	1 1/2 TL
gem. Muskatnuß	1 Prise	2 Prisen
Salz	1 TL	1 1/2 TL
Trockenhefe	3/4 Päckchen	1 Päckchen

Variation
Geben Sie noch 3 Eßlöffel Walnußkernhälften mit in das Gerät.

100 % VOLLKORNBROT

würzig
reich an Ballaststoffen

Dazu paßt würziger Käse oder die Pfefferbutter von Seite 78 besonders gut.

PROGRAMM VOLLKORNBROT

ZUTATEN	GERÄTETYP 1	GERÄTETYP 2
Wasser	330 ml	350 ml
Salz	1 TL	1 1/2 TL
Tannenhonig	2 1/2 EL	3 EL
Weizenvollkornmehl	540 g	650 g
Trockenhefe	3/4 Päckchen	1 Päckchen

WUSSTEN SIE SCHON...

...daß Honig jahrhundertelang das einzige Süßungsmittel war? Selbst als Zucker ab dem 18. Jahrhundert nach Europa importiert wurde, war er noch derart kostbar, daß sich nur die hochherrschaftlichen Häuser diesen Rohstoff leisten konnten.

WEIZENKLEIEBROT

fein
für die Brotzeit

Dazu paßt die Orangenmarmelade von Seite 72 besonders gut.

BASISPROGRAMM

ZUTATEN	GERÄTETYP 1	GERÄTETYP 2
Wasser	300 ml	400 ml
Butter/Margarine	1 1/2 EL	2 EL
Salz	1 TL	1 1/2 TL
Zucker	1 1/2 EL	2 EL
Weizenkleie	100 g	120 g
Weizenkeime	50 g	60 g
Mehl Type 1050	300 g	450 g
Weizenvollkornmehl	100 g	150 g
Trockenhefe	3/4 Päckchen	1 Päckchen

TIP

Weizenkleie regt die Darmtätigkeit an.

Weizenkleiebrot ►

Bayerisches Vollkornbrot

herzhaft
für das Brotbuffet

Dazu paßt feine Kräuterbutter besonders gut.

Programm Vollkornbrot

Zutaten	Gerätetyp 1	Gerätetyp 2
Wasser	300 ml	450 ml
Weizenvollkornschrot Type 1700	540 g	800 g
Roggenmehl Type 1150	90 g	135 g
Salz	1 TL	1 1/2 TL
Kümmel	2 EL	3 EL
mittelgroße, gekochte Kartoffel, püriert	1	1 1/2
Sauerteigansatz	75 ml	110 ml
Trockenhefe	1 Päckchen	1 1/2 Päckchen

„Brot und Salz“

originell
als Mitbringsel geeignet

Dazu paßt würziger Käse oder das Apfelschmalz von Seite 77 besonders gut.

Basisprogramm

Zutaten	Gerätetyp 1	Gerätetyp 2
Buttermilch	150 ml	225 ml
Wasser	150 ml	225 ml
Roggenmehl Type 1150	90 g	150 g
Roggenschrot Type 1700	90 g	150 g
Mehl Type 550	360 g	540 g
Zucker	1 TL	1 1/2 TL
Salz	1 TL	1 1/2 TL
Sauerteigansatz	75 ml	110 ml
Trockenhefe	1 Päckchen	1 1/2 Päckchen

Wenn die Zeitanzeige 1 Stunde und 30 Minuten anzeigt, drücken Sie ein Tontöpfchen (5 cm Ø) in die Mitte des Brotes. Es wird nach dem Backen mit Salz gefüllt.

Bayerisches Vollkornbrot ▶

Brote aus Backmischungen

Artländer Vollkornbrot

(von Ruf) Weizenvollkornbrot mit Körnern

kernig
geht einfach

Dazu paßt Lachsschinken besonders gut.

Programm Vollkornbrot – Bräunung: dunkel

Zutaten	Gerätetyp 1	Gerätetyp 2
beigefügte Körnermischung *	65 g	100 g
kaltes Wasser	60 ml	120 ml
warmes Wasser (35°C)	300 ml	450 ml
Vollkornbrot-backmischung	500 g	750 g
beigefügte Trockenhefe	1 Päckchen	1 Päckchen

* Die Körnermischung im kalten Wasser etwa 10 Minuten quellen lassen. Überschüssiges Restwasser bei der Wassermenge mitmessen.

Tip

Brotbackmischungen erhalten Sie im Supermärkten.

Bio-Dinkel-Brot-Back-Mischung

„Gut & Gerne"

fein-würzig
geht einfach

Dazu paßt die Avocadocreme von Seite 75.

Basisprogramm – Bräunung: dunkel

Zutaten	Gerätetyp 1	Gerätetyp 2
Dinkelbrot-backmischung	500 g	750 g
lauwarmes Wasser	320 ml	480ml
beigefügte Trockenhefe	1 Päckchen	1 Päckchen

Bio-Dinkelbrot ►

ARTLÄNDER LANDBROT

(VON RUF)

ROGGENMISCHBROT

locker
für Genießer

Dazu paßt roher oder gekochter Schinken besonders gut.

BASISPROGRAMM – BRÄUNUNG: DUNKEL

ZUTATEN	GERÄTETYP 1	GERÄTETYP 2
lauwarmes Wasser	320 ml	640 ml
Backmischung Landbrot	500 g	1000 g
beigefügte Trockenhefe	1 Päckchen	2 Päckchen

VARIATION

Sie können aus der Backmischung auch einen Teig im Programm „Teig" herstellen, daraus Brötchen formen und diese im Backofen backen.

ARTLÄNDER WEIZEN-BRÖTCHEN

(VON RUF)

WEISSBROT

knusprig
für das Brotbuffet

Dazu paßt die Beeren-marmelade von Seite 74 besonders gut.

PROGRAMM WEISSBROT

ZUTATEN	GERÄTETYP 1	GERÄTETYP 2
lauwarmes Wasser	200 ml	400 ml
Backmischung inkl. Hefe	350 g	700 g
beigefügte Trockenhefe	3/4 Päckchen	1 Päckchen

WUSSTEN SIE SCHON...

...daß Hafer bis zum Ende des 18. Jahrhunderts eine Getreideart war, die vor allem von armen Bevölkerungsschichten verzehrt wurde? Speisen und Gebäck auf Haferbasis waren für viele eine alltägliche Kost. Erst mit dem Sinken der Brotgetreidepreise verlor der Hafer seine Bedeutung als „Arme-Leute-Korn".

Brot aus Panino-Backmischung

Panino-Backmischung
(von Diamant)

locker
geht einfach

Dazu paßt ein feiner Parmaschinken besonders gut.

Programm Weissbrot

Zutaten	Gerätetyp 1	Gerätetyp 2
Panino-Backmischung	500 g	650 g
lauwarmes Wasser	325 ml	425 ml
Trockenhefe	3/4 Päckchen	1 Päckchen

Tip

Sie können aus der Backmischung auch einen Teig im Programm „Teig" herstellen, daraus runde, flache Fladen formen und diese im Backofen backen. Brote und Gebäck sollten Sie nach dem Backen grundsätzlich etwa 15 Minuten auf einem Gitterrost abkühlen lassen, damit der Wasserdampf entweichen kann.

Brote für Getreideallergiker

Glutenfreie Vollmehlmischung für Brot
(von Schär Vital)

fein
würzig

Dazu paßt ein körniger Frischkäse besonders gut.

Basisprogramm - Bräunung: dunkel

Zutaten	Gerätetyp 1	Gerätetyp 2
warmes Wasser	350 ml	475 ml
Eier	1	1 + 1 Eigelb
Vollmehlmischung	500 g	750 g
weiche Butter	2 EL	3 EL
Zucker	1 EL	1½ EL
Salz	1 TL	1½ TL
Trockenhefe	11 g	16 g
Öl	½ TL	1 TL

Nach dem ersten Aufgehen (nach etwa 40 Minuten) den Netzstecker ziehen und dadurch den Programmablauf stoppen. Den Knetarm entfernen und den Teig dünn mit Öl bestreichen. Dann das Programm fortsetzen.

Glutenfreie Backmischung
(von Damin)

leicht
fein

Dazu paßt der Gemüseaufstrich von Seite 74 besonders gut.

Basisprogramm – Bräunung: dunkel

Zutaten	Gerätetyp 1	Gerätetyp 2
warmes Wasser	150 ml	300 ml
Milch	150 ml	300 ml
Backmischung	400 g	800 g
Zucker	1 Prise	2 Prisen
Salz	1 TL	2 TL
Trockenhefe	1 Päckchen	2 Päckchen

Das Brot wie oberen Rezept beschrieben zubereiten.

Brot aus Glutenfreie Backmischung ►

Mehl-mischung Glutenfrei
(von 3-Pauly)

mild
für Brot, Brötchen und Teigböden

Programm Teig

Zutaten	Gerätetyp 1	Gerätetyp 2
warmes Wasser	360 ml	720 ml
3-Pauly-Mehlmischung	750 g	1500 g
Salz	2 Prisen	4 Prisen
Trockenhefe	26 g	50 g

Den Teig wie Rezept „Glutenfreie Vollmehlmischung" (s. S. 60) zubereiten.

Tip

Aus dem fertigen Teig können Sie Pizzaböden, in Muffinformen gedrückte Brötchen oder einen gesüßten Teigboden für Obstkuchen zubereiten.

Mehl-mischung Dunkel
(von Sibylle Diät)

würzig
ganz einfach

Dazu paßt ein körniger Frischkäse besonders gut.

Basisprogramm - Bräunung: dunkel

Zutaten	Gerätetyp 1	Gerätetyp 2
warmes Wasser	300 ml	600 ml
Vollmilchjoghurt	150 g	300 g
Sibylle-Diät-Mehlmischung	500 g	1000 g
Salz	1 TL	2 TL
Zucker	1 TL	2 TL
Trockenhefe	11 g	22 g

Den Teig wie Rezept „Glutenfreie Vollmehlmischung" (s. S. 60) zubereiten.

Tip

Alle Brote dieses Kapitels können auch mit Backpulver oder phosphatfreiem Weinstein-Backpulver zubereitet werden. Ersetzen Sie die Hefe durch 1 Päckchen Backpulver, und verwenden Sie das Programm „Gebäck".

Brötchen aus Mehlmischung Hell

MEHL-MISCHUNG HELL
(VON SIBYLLE DIÄT)

kalorienarm
für Brot und Brötchen

PROGRAMM TEIG

ZUTATEN	GERÄTETYP 1	GERÄTETYP 2
warme Milch	400 ml	800 ml
Sibylle-Diät-Mehlmischung	500 g	1000 g
Salz	1 TL	2 TL
Zucker	1 TL	2 TL
sehr weiche Butter	3 EL	6 EL
Trockenhefe	11 g	22 g

Aus dem Teig Brötchen formen und diese im Backofen backen.

Dazu paßt die Beeren marmelade von Seite 74 besonders gut.

BRIOCHES

fein für den Nachmittags-kaffee

Dazu paßt die Erdbeermarmelade von Seite 72 besonders gut.

PROGRAMM TEIG

ZUTATEN	GERÄTETYP 1	GERÄTETYP 2
Eier	1 Ei + 1 Eigelb	2 Eier
mit Milch auffüllen	bis 300 ml	450 ml
Butter/ Margarine	75 g	110 g
Salz	1 TL	2 TL
Zucker	3 EL	4 1/2 EL
Mehl Type 405	540 g	800 g
Trockenhefe	1 Päckchen	1 1/2 Päckchen
1 Eigelb und etwas Zucker zum Bestreichen		

Den Teig aus dem Behälter nehmen und nochmals durchkneten. In 18 oder 36 Teile teilen und aus jedem Teil 1 große und 1 kleine Kugel formen.

Zuerst jeweils die große Kugel in ein gefettetes Briochesförmchen setzen. Darauf die kleine Kugel geben. Bis zur doppelten Größe aufgehen lassen.

Das Eigelb mit etwas Zucker verquirlen, die Brioches damit bestreichen und bei 175 °C etwa 25 Minuten backen.

TIP

Beachten Sie, daß Hefeteig stets zugedeckt an einem warmen Ort gehen und keiner Zugluft ausgesetzt werden sollte. Sie können ihn auch im Ofen bei 50 °C gehen lassen. Dabei die Backofentüre leicht geöffnet lassen (Kochlöffel dazwischenklemmen).

Brioches

Französische Baguettes

knusprig
geht einfach

Programm Teig

Zutaten	Gerätetyp 1	Gerätetyp 2
Wasser	300 ml	450 ml
Honig	1 EL	1 1/2 EL
Salz	1 TL	1 1/2 TL
Zucker	1 TL	1 1/2 TL
Mehl Type 550	540 g	800 g
Trockenhefe	1 Päckchen	1 1/2 Päckchen

Den fertigen Teig in 2 bis 4 Teile teilen. Daraus längliche Laibe formen und diese 30 bis 40 Minuten gehen lassen.

Jeweils die Oberseite schräg einschneiden, dann die Baguettes im Backofen bei 175 °C etwa 25 Minuten backen.

Dazu paßt die Orangenmarmelade von Seite 72 besonders gut.

Croissants

knusprig
raffiniert

Dazu paßt die Beerenmarmelade von Seite 74 besonders gut.

Programm Teig

Zutaten	Gerätetyp 1	Gerätetyp 2
Eier	1 Ei + 1 Eigelb	2 Eier
mit Milch/Wasser auffüllen bis	300 ml	450 ml
Butter	6 EL	9 EL
Salz	1 TL	1 1/2 TL
Zucker	3 EL	4 EL
Mehl Type 405	540 g	800 g
Trockenhefe	1 Päckchen	1 1/2 Päckchen
zerlassene Butter und 1 Ei zum Bestreichen		

Den Teig aus dem Behälter nehmen, durchkneten, gehen lassen und nochmals durchkneten. Zugedeckt für etwa 1/2 Stunde kühl stellen.

Dann rechteckig ausrollen und das Rechteck dünn mit zerlassener Butter bestreichen. Dabei einen Rand aussparen. Den Teig wie einen Brief dreifach übereinanderschlagen. Diesen Vorgang dreimal wiederholen. Den Teig in einen Plastikbeutel legen und über Nacht kühl stellen.

Anschließend nochmals rechteckig ausrollen und in 9 oder 18 gleich große Vierecke schneiden. Jedes Viereck diagonal durchschneiden. Die Dreiecke von der breiten Seite her locker aufrollen und auf ein gefettetes Backblech setzen. Mit verquirltem Ei bestreichen und dann im vorgeheizten Ofen bei 190 °C etwa 20 Minuten backen.

Kaffeekuchen

fein
für den Geburtstag

Programm Teig

Zutaten	Gerätetyp 1	Gerätetyp 2
Milch	225 ml	340 ml
Salz	1 TL	1 1/2 TL
Eier	1 Eigelb	2 Eigelbe
Butter/Margarine	1 1/2 EL	2 EL
Mehl Type 405	450 g	700 g
Zucker	50 g	75 g
Trockenhefe	1 Päckchen	1 1/2 Päckchen

Zutaten Belag		
Butter, geschmolzen	2 EL	4 EL
Zucker	100 g	150 g
gemahlener Zimt	1 TL	2 TL
gehackte Nüsse	75 g	120 g

Den Teig aus dem Behälter nehmen, nochmals durchkneten und dünn ausrollen. In eine Springform (26 cm Ø) legen, dabei einen etwa 2 cm hohen Rand hochziehen.

Die geschmolzene Butter auf dem Teig verstreichen. Zucker, Zimt und gehackte Nüsse in einer Schüssel vermischen. Die Masse auf dem Teig verteilen.

Das Ganze zugedeckt an einem warmen Ort etwa 1/2 Stunde gehen lassen. Anschließend in den Ofen geben und bei 175 °C etwa 35 Minuten backen.

Variation
Nach Belieben können Sie den fertig gebackenen Kaffeekuchen mit einem Guß aus 100 g Puderzucker und 3 bis 4 Eßlöffeln Wasser versehen.

Dazu paßt leicht geschlagene Sahne.

Brezeln

knusprig
für die Brotzeit

Dazu paßt Butter oder Kräuterquark besonders gut.

Programm Teig

Zutaten	Gerätetyp 1	Gerätetyp 2
Wasser	200 ml	400 ml
Salz	1/4 TL	1/2 TL
Mehl Type 405	360 g	720 g
Zucker	1/2 TL	1 TL
Trockenhefe	1/2 Päckchen	1 Päckchen
verquirltes Ei	1	1
grobes Salz	1–2 EL	2–3 EL

Alle Zutaten bis auf Ei und grobes Salz in den Behälter geben. Programm „Teig“ starten. Sobald das Signal ertönt und der Display 0:00 anzeigt, Stop drücken. Ofen auf 230 °C vorheizen. Teig in 12 Stücke teilen, daraus Brezeln formen. Auf ein gefettetes Blech setzen. Mit Ei bestreichen, mit Salz bestreuen. 15 Minuten backen.

Kleie-brötchen

fein
reich an Ballaststoffen

Dazu passen süße Brotaufstriche, wie Marmeladen oder Nußnougatcreme, besonders gut.

Programm Teig

Zutaten	Gerätetyp 1	Gerätetyp 2
Wasser	200 ml	300 ml
Salz	3/4 TL	1 TL
Butter/Margarine	50 g	75 g
Eier	1	2
Mehl Type 1050	500 g	750 g
Weizenkleie	50 g	75 g
Zucker	3 EL	4 EL
Trockenhefe	1 Päckchen	1 1/2 Päckchen

Den Teig nochmals durchkneten, Brötchen daraus formen. Diese nochmals gehen lassen und dann im vorgeheizten Ofen bei 200 °C 12 bis 15 Minuten backen.

Brezeln (oben) ▶
Kleiebrötchen (unten) ▶

HEFE-STÜCKCHEN

locker
für das Kaffeekränzchen

Dazu paßt geschlagene Sahne besonders gut.

PROGRAMM TEIG

ZUTATEN	GERÄTETYP 1	GERÄTETYP 2
Milch	200 ml	300 ml
Salz	1 TL	1 1/2 TL
Wasser	45 ml	75 ml
Butter	2 EL	4 EL
Eier	1	2
Mehl Type 405	450 g	700 g
Zucker	2 EL	3 EL
Trockenhefe	3/4 Päckchen	1 Päckchen

Den Teig nochmals durchkneten, nach Wunsch formen und nach Belieben mit Zimt und Zucker bestreuen. 40 Minuten gehen lassen, dann im vorgeheizten Ofen bei 190 °C 25 bis 30 Minuten backen.

KASSELER IM BROTTEIG

raffiniert
für die Party

Dazu paßt Weißkrautsalat mit Kümmel sehr gut.

PROGRAMM TEIG UND PROGRAMM BACKEN

ZUTATEN	GERÄTETYP 1	GERÄTETYP 2
Brotbackmischung Krustenbrot	250 g	330 g
Kasseler (1 dicke Scheibe)	300 g	400 g

Aus der Brotbackmischung gemäß Packungsanweisung mit Programm „Teig“ einen Brotteig herstellen. Diesen nach dem Gehen gut durchkneten, rechteckig ausrollen und das Kasseler in die Mitte legen. Das Fleisch mit Teig umschließen, das Ganze in den Behälter legen und das Programm „Backen“ starten.

Vollkorn-Pizza

würzig
geht einfach

Dazu paßt ein Belag aus Tomaten und verschiedenen Gemüsesorten.

Programm Teig

Zutaten	Gerätetyp 1	Gerätetyp 2
Wasser	300 ml	500 ml
Salz	3/4 TL	1 1/2 TL
Olivenöl	1 EL	2 EL
Honig	1 EL	2 EL
Weizenvollkornmehl	450 g	800 g
Weizenkeime	50 g	100 g
Trockenhefe	1 Päckchen	1 1/2 Päckchen

Den Teig ausrollen, in eine runde Form geben und 10 Minuten gehen lassen. Pizzasauce sowie Belag nach Wunsch darauf verteilen und die Pizza im vorgeheizten Backofen bei 180 °C etwa 20 Minuten backen.

Pizza

knusprig
bei Kindern beliebt

Dazu paßt ein Belag aus Tomaten, Schinken und Mozzarella.

Programm Teig

Zutaten	Gerätetyp 1	Gerätetyp 2
Wasser	300 ml	600 ml
Salz	3/4 TL	1 1/2 TL
Olivenöl	1 EL	2 EL
Mehl Type 405	450 g	900 g
Zucker	2 TL	4 TL
Trockenhefe	1 Päckchen	2 Päckchen

Den Teig ausrollen, in eine runde Form geben und 10 Minuten gehen lassen. Pizzasauce sowie Belag nach Wunsch darauf verteilen und die Pizza im vorgeheizten Backofen bei 180 °C etwa 20 Minuten backen.

Marmeladen und Brotaufstriche

Orangen-Marmelade

fein-herb
Winterrezept

Zutaten	Gerätetyp 1	Gerätetyp 2
Orangen	350 g	700 g
Zitronen	150 g	300 g
Gelierzucker	500 g	1000 g

1. Die Orangen und Zitronen schälen und in kleine Stückchen schneiden. Zusammen mit Gelierzucker in den Backbehälter geben und darin vermischen.
2. Das Programm „Teig" wählen, Start drücken. 3 bis 5 Minuten mischen, dann Stop drücken. Die Wände des Behälters eventuell mit einem Spatel abstreichen.
3. Das Programm „Backen" wählen, Start drücken. Sobald das Signal ertönt, und das Display „0:00" anzeigt, den Behälter mit Hilfe eines Topflappens herausnehmen.
4. Die Marmelade in Gläser abfüllen. Gut verschließen.

Erdbeer-Marmelade

fein
geht schnell

Zutaten	Gerätetyp 1	Gerätetyp 2
Erdbeeren	500 g	1000 g
Gelierzucker	500 g	1000 g
Zitronensaft	2–3 EL	5–6 EL

1. Alle Zutaten im Backbehälter vermischen.
2. Das Programm „Teig" wählen, Start drücken. 3 bis 5 Minuten mischen, dann Stop drücken. Die Wände des Behälters eventuell mit einem Spatel abstreichen.
3. Das Programm „Backen" wählen, Start drücken. Sobald das Signal ertönt, und das Display „0:00" anzeigt, den Behälter mit Hilfe eines Topflappens herausnehmen.
4. Die Marmelade in Gläser abfüllen.

Orangenmarmelade ►

Beeren-Marmelade

fruchtig
geht einfach

Zutaten	Gerätetyp 1	Gerätetyp 2
Aufgetaute TK-Beeren	500 g	1000 g
Gelierzucker	500 g	1000 g
Zitronensaft	1 EL	2 EL

1. Alle Zutaten im Backbehälter vermischen.
2. Das Programm „Teig" wählen, Start drücken. 3 bis 5 Minuten mischen, dann Stop drücken. Die Wände des Behälters eventuell mit einem Spatel abstreichen.
3. Das Programm „Backen" wählen, Start drücken. Sobald das Signal ertönt, und das Display „0:00" anzeigt, den Behälter mit Hilfe eines Topflappens herausnehmen.
4. Die Marmelade in Gläser abfüllen und diese gut verschließen.

Gemüse-Aufstrich

würzig
Sommerrezept

Zutaten	
1 Aubergine	1 EL Salz
1 Zucchini	1 Zwiebel
1 rote Paprikaschote	2 geh. Knoblauchzehen
2 EL Olivenöl	2 EL Tomatenmark
1 TL Oregano	1 TL Basilikum
etwas Zitronensaft	etwas Weißwein
weißer Pfeffer	1/2 Bund Petersilie

1. Die Aubergine waschen und würfeln. Mit Salz bestreuen und die Würfel im Kühlschrank 10 bis 15 Minuten ziehen lassen. Dann abspülen und abtropfen lassen.
2. Das restliche Gemüse putzen und ebenfalls in Würfel schneiden. Den Knoblauch im Olivenöl glasig schwitzen. Das Gemüse dazugeben und mit anschwitzen.
3. Das Ganze mit Tomatenmark, Kräutern, Zitronensaft, Weißwein, Salz und Pfeffer abschmecken. Die Mischung vom Herd nehmen. Die Petersilie fein hacken und untermischen. Den Aufstrich erkalten lassen.
Hält sich im Kühlschrank 3 bis 4 Tage.

AVOCADO-CREME

delikat
für die Party

ZUTATEN

2 reife Avocados	Saft von 1 Zitrone
1 Schalotte	1 geh. Knoblauchzehe
2 EL Olivenöl	100 g Krabben
1 Msp. Cayennepfeffer	Salz
1/2 TL Rosmarin	1 Schuß Weißwein
50 g Crème fraîche	1 EL geh. Petersilie

1. Die Avocados halbieren, jeweils den Kern herauslösen und das Fruchtfleisch mit einem Teelöffel herausschaben. Sofort mit Zitronensaft beträufeln.
2. Die Schalotte schälen, hacken und zusammen mit dem Knoblauch im Olivenöl glasig schwitzen. Die Krabben dazugeben und kurz andünsten. Das Avocadofruchtfleisch mit der Krabbenmischung im Mixer pürieren.
3. Die restlichen Zutaten hinzufügen, pikant würzen.

Edelpilz-käse-aufstrich

pikant
für Gourmets

Zutaten

150 g Doppelrahm-frischkäse	100 g Edelpilzkäse
5 EL Sahne	50 g Crème fraîche
1 TL ger. Orangen-schale (unbeh.)	1 EL Orangen-marmelade
etwas Orangensaft	etwas Zitronensaft
1 EL geh. Petersilie	Salz
weißer Pfeffer	1 Prise Zucker
1 Msp. Cayennepfeffer	2 cl Orangenlikör

1. Den Frischkäse und den Edelpilzkäse in eine Schüssel geben und mit einer Gabel zerdrücken.
2. Die Sahne dazugeben und das Ganze mit einem Schneebesen glattrühren.
3. Crème fraîche, Orangenschale, -marmelade, -saft sowie Zitronensaft hinzufügen. Alles gut verrühren. Die Petersilie untermischen.
4. Den Aufstrich mit den Gewürzen abschmecken und mit dem Likör verfeinern. Bis zum Verzehr kühl stellen.

Variation

Sie können den Edelpilzkäse auch durch Sahnegorgonzola ersetzen. Nehmen Sie dann aber etwas weniger Sahne. Wenn Kinder mitessen, können Sie den Orangenlikör auch weglassen oder stattdessen Orangenwasser (aus der Apotheke) nehmen.

Tip

Selbst unbehandelte Zitrusfrüchte sollten Sie sicherheitshalber heiß abwaschen und dann abtrocknen, bevor Sie die Schale abreiben. Häufig sammeln sich beim Transport der Früchte Schmutzpartikelchen auf der Schale an.

Apfelschmalz

deftig
Winterrezept

Zutaten

250 g Griebenschmalz	1 Zwiebel
1 Stück Lauch	1 säuerlicher Apfel
Salz	schwarzer Pfeffer
1 Prise Zucker	1 Kästchen Kresse

1. Das Schmalz in einen Topf geben und erhitzen.
2. Die Zwiebel schälen, den Lauch waschen und putzen. Beides in feine Würfel schneiden. Den Apfel schälen, halbieren, vom Kerngehäuse befreien und würfeln.
3. Zwiebel-, Lauch- sowie Apfelwürfel ins Schmalz geben. Darin kurz fritieren. Die Mischung mit Salz, Pfeffer und Zucker würzen. Dann abkühlen lassen.
4. Die Kresse abschneiden, waschen, hacken und unter das Schmalz rühren. Dieses in ein Töpfchen füllen und vollständig erkalten lassen.

GURKENQUARK

frisch
Sommerrezept

ZUTATEN

250 g Sahnequark	1 Zwiebel
2 Knoblauchzehen	Meersalz
1/2 Salatgurke	1 Prise Korianderpulver
1 Msp. Kardamom	1 Msp. Pimentpulver
1–2 EL Senf	1 EL gehackte Petersilie
1 EL geh. Schnittlauch	Pfeffer
1 Prise Zucker	etwas Weinbrand

1. Den Sahnequark glattrühren. Die Zwiebel und den Knoblauch schälen, fein hacken, den Knoblauch zusammen mit etwas Salz im Mörser fein zerreiben. Beides zum Quark geben.
2. Die Gurke schälen, reiben und hinzufügen. Die restlichen Zutaten dazugeben und alles mit einem Schneebesen gründlich verrühren.

PFEFFER-BUTTER

fein-würzig
aus Frankreich

ZUTATEN

250 g weiche Butter	1 feingehackte Zwiebel
1 TL grobgemahlene	1 EL eingelegte grüne
schwarze Pfefferkörner	Pfefferkörner
1 TL abgerieben Schale einer unbeh. Orange	etwas Orangensaft
1 EL Orangengelee	Meersalz
weißer Pfeffer	1 Msp. Cayennepfeffer
etwas Orangenlikör	Mandarinenspalten

1. Die Butter mit einem Schneebesen schaumig rühren. Zwiebel, schwarze sowie grüne Pfefferkörner, Orangenschale, -saft und -gelee hinzufügen. Gut verrühren.
2. Den Aufstrich mit den Gewürzen abschmecken und mit Orangenlikör verfeinern.
3. Die Butter in ein Töpfchen füllen und kalt stellen. Mit Mandarinenspalten garnieren.

Pfefferbutter (links), Zitronenbutter (rechts)

ZITRONENBUTTER

fein-herb
Sommerrezept

ZUTATEN

250 g weiche Butter	Saft von 1 Zitrone
abgeriebene Schale von 1 unbeh. Zitrone	1 feingehackte Zwiebel
2 EL geh. Zitronenmelisse	Meersalz
weißer Pfeffer	1 Msp. Cayennepfeffer
1 Msp. Zucker	etwas Zitronenlikör

1. Die Butter mit einem Schneebesen schaumig rühren. Zitronensaft sowie -schale, Zwiebel und Zitronenmelisse hinzufügen. Das Ganze gut verrühren.
2. Den Aufstrich mit Salz, Pfeffer, Cayennepfeffer und Zucker kräftig abschmecken. Mit Zitronenlikör aromatisieren. In ein Töpfchen füllen und kalt stellen.

Rezeptverzeichnis